ROGER VRIGNY

Le besoin d'écrire

BERNARD GRASSET
PARIS

Ouverture

Ce que je sais le mieux, c'est mon commencement.

Il y a quelque temps, au cours d'un débat public consacré à la presse littéraire, qui se déroulait au Salon du livre de Paris, un journaliste plein d'entrain prétendait qu'à notre époque la littérature devait être « décloisonnée » (c'était son expression). Il entendait par là lui donner de l'air, à cette chère vieille dame, la sortir de sa solitude, toujours malsaine, lui faire connaître du monde, qu'elle fréquente la politique, les sciences, la philosophie, le cinéma, les sports, que sais-je, bref qu'elle quitte sa tour d'ivoire et descende dans la rue partager la vie des hommes.

On se taille un beau succès avec un discours de cette sorte. Pour illustrer son propos, l'orateur rappelait sa propre expérience et comment, ayant naguère repris en main un hebdomadaire qui rendait l'âme —

il s'agissait des *Nouvelles littéraires* —, il avait réussi en peu de mois à décupler le nombre de ses lecteurs. La méthode était simple en effet : une fois « décloisonnée » comme il disait, la littérature était partie, ce qui avait permis au public d'entrer. La seule conclusion à tirer de ce résultat (et que le journaliste ne tirait pas) c'est que la littérature n'intéresse plus personne.

Un constat qui peut surprendre dans un pays comme le nôtre où traditionnellement le livre et l'écrivain sont objets d'envie et de considération, où chaque citoyen, du plus humble au plus glorieux, rêve de voir son nom imprimé sur une page de couverture. N'a-t-on pas entendu un de nos anciens chefs d'État avouer un soir à la télévision qu'il aurait aimé être Flaubert ou Maupassant plutôt que président de la République ? Sa réussite politique n'était à ses yeux qu'un pâle substitut de son ambition littéraire. On avait de la peine pour lui et peine également à le croire mais enfin, l'essentiel était proclamé : dans l'imaginaire du Français moyen, l'écrivain continue d'occuper une place prééminente que personne ne songe à lui disputer. Et pour cause...

Loin de me rassurer, cette reconnaissance officielle me paraît de mauvais augure. En toute chose la révérence est suspecte, pareille aux regrets éternels dont on recouvre la dépouille d'un défunt. Ce qui existe n'a pas besoin de fleurs ni de couronnes. Si on célèbre avec tant d'ostentation la littérature, c'est qu'on éprouve quelque doute sur sa réalité. La perte de la foi engendre la nostalgie. On continue de balancer l'encensoir devant un tabernacle vide et, dans la cathédrale désaffectée où la foule des touristes a remplacé celle des fidèles, la petite flamme s'est éteinte depuis longtemps au-dessus de l'autel. Quel amour viendra la rallumer ?

*

Ces réflexions feront sourire. Elles datent. Prétendre que la littérature n'intéresse plus personne est le fait d'une nature chagrine ou d'un tempérament aigri. En réalité la littérature continue de passionner les gens. On le constate à l'occasion des Foires et des Salons qui lui sont consacrés, à l'affluence des visiteurs qui s'y pressent ou encore par les jeux-concours dont les écrivains sont l'objet dans les magazines spécialisés.

Pour un public avide de compétitions sportives, c'est un spectacle inédit de voir Shakespeare et Molière, transformés en coureurs de fond, battre sur la ligne d'arrivée Goethe et Victor Hugo. Au box-office des romans d'amour, *la Princesse de Clèves* va-t-elle l'emporter sur le couple immortel de *Tristan et Iseult* ? Quel suspense ! Cotée en Bourse ou primée sur les stades, la littérature retrouve un visage familier. Elle partage nos occupations quotidiennes. Offerte en vrac sur la place, dans les rues, à l'éventaire des marchandes de quatre-saisons, elle tient le rôle d'une spécialité régionale au même titre que la saucisse de Toulouse et la truffe du Périgord. Dans le panier de la ménagère, un roman de Balzac témoigne qu'il est le complément indispensable des nourritures terrestres. On rêve à ce slogan : « Pas de bon repas sans un *Père Goriot* ». Et pourquoi ne pas imaginer qu'un jour prochain, sur nos autoroutes, une chaîne de stations-service à la page propose à ses clients du Super-Proust pour rattraper le *Temps perdu,* aux routiers du gazole Céline pour accompagner leur *Voyage au bout de la nuit* ?

Définitivement « décloisonnée » cette fois, la littérature sera devenue le « moteur » même de notre vie. Nous serons des « littéraires » malgré nous, comme Monsieur Jourdain parlait en prose sans le savoir.

*

L'amour ne s'explique pas. On le juge à ses effets. L'être que nous aimons paraît indispensable par une raison mystérieuse. En plus de son attrait personnel, il possède une particularité qui répond à notre désir. A ce qui nous manque. On pourrait en dire autant de la littérature. C'est ce qui reste quand on a tout épuisé d'une lecture. Le livre refermé, une résonance prolonge en nous une sorte d'exaltation, comme si quelque chose avait comblé le vide ou l'inachèvement de notre vie. Nous sommes heureux sans savoir pourquoi, d'un bonheur diffus qui ressemble à celui éprouvé dans la rêverie. Nous nous détachons de la réalité quotidienne pour contempler un monde imaginaire qui nous paraît plus beau, plus vrai que le nôtre. Le « désir joyeux du rêve » dont parle Nietzsche dans *l'Origine de la tragédie,* correspond chez l'homme au besoin de se représenter la vie sous une forme idéale. L'homme sait bien qu'il s'agit d'une illusion, il n'en est pas dupe mais cette vie « idéale » lui révèle la sienne et lui donne un sens. C'est ce pouvoir révélateur qui appartient en propre à la littérature (et à l'art en général).

Je pense à Louis Guilloux me confiant un jour : « Imagine que l'art ait disparu. Plus de livres, plus de tableaux, plus de musique, plus rien. Les hommes seraient aveugles. Ils ne se verraient plus, ils ne sauraient plus où ils sont, où ils vont. »

*

La littérature est guettée par deux dangers : la banalisation et la technocratie. Autrement dit, la pub et les cuistres. La banalisation la rend inoffensive, les cuistres, indigeste. Un jour, à la radio, Audiberti était interrogé par un questionneur obstiné. On parlait métier :

« Comment c'est fait, la poésie ? demandait notre homme.

— Comment c'est fait ?

— Oui, avec quels moyens, par quelle méthode ?

— Quelle méthode ?

— Ne peut-on pas imaginer une pratique, des expériences, l'emploi d'une machine par exemple, qui permettent un jour de fabriquer de la poésie ? »

Ah les braves gens ! Comme ils aimeraient trouver le truc, la formule magique, le « sésame ouvre-toi » qui leur donnerait accès au mystère. Quel mystère ? Après tout, ce ne sont que des mots, des phrases qu'on assemble. Il suffit de les démonter.

Le drame du cuistre, c'est celui de l'apprenti mécanicien qui rêve d'être Citroën et met en pièces le moteur sur son établi. Ou du médecin légiste qui taille, tranche, découpe le cadavre pour découvrir le secret de la vie et n'apprend que les causes de la mort. Il y a quelque chose de funèbre dans cet acharnement (thérapeutique ?) sur les œuvres littéraires auquel se livrent les laborantins du porte-plume, généticiens textuels et autres narratologues. Une danse macabre où Trissotin donne la main à Diafoirus pour prolonger artificiellement les conditions d'une existence moribonde, réduire le patient (et le texte) à l'état de « légume » tout juste capable de noircir des graphiques ou de fournir du commentaire. C'est là que gît le lièvre en définitive. Car l'importance d'un auteur ne se mesure pas (seulement) à la qualité de son œuvre mais à la quantité de commentaires qu'elle produit. Pour deux raisons : économique d'abord. Une œuvre prétendue obscure ou difficile est une source d'emplois de toute espèce. En dehors des articles et des études qu'elle suscite, elle provoque des confrontations, engendre des débats aboutissant à des colloques et à des séminaires. Autant d'occasions d'organiser des agapes culturelles aux quatre coins de la planète où, entre deux excursions touristiques, on lira des communications contradictoires qui donneront naissance, à leur tour, à des réfutations réunies en volumes, lesquelles seront à l'origine de nouveaux symposiums sous les cocotiers. Bref, des écrivains comme Proust, Joyce ou Kafka, pour ne citer que les plus cotés, se transforment après leur mort en bureaux d'embauche permanents où s'enrôlent pêle-mêle plusieurs générations de chercheurs et d'agents de voyages. Mais l'économie n'est pas tout. La stratégie joue son rôle dans cette manipulation des cadavres célèbres. En donnant libre cours au commentaire, on lui assure une sorte de pérennité. D'abord associé à l'œuvre dont il n'était qu'une excroissance, il ne tarde pas à s'en détacher, réclame son autonomie et prétend devenir citoyen à part entière dans la république des lettres. Le texte n'est plus qu'un prétexte, on l'oublie. L'écho recouvre la voix, elle a disparu. Armé de son attirail comme Tartuffe de sa haire et de sa discipline, le commentaire a fait place nette et chassé le maître du logis. Cette victoire de la théorie sur la pratique, Roland Barthes la célébra naguère dans l'un de ses ouvrages, *Critique et vérité,* où il constate avec satisfaction : « Un même langage tend à circuler partout dans la littérature... Il n'y a plus ni poète ni romancier : il n'y a plus qu'une écriture. »

Nous voilà prévenus.

*

En général on parle de livres mais peu de « littérature » dans la presse. Dans la vie courante aussi. Pour beaucoup de gens, c'est une sorte de potion magique qui les distrait de leurs soucis quotidiens. Quand on dit : « Tout le reste est littérature », on laisse entendre que ce reste n'est pas sérieux : une invention de poète, un enfantillage. De même dans une discussion : « Vous faites de la littérature » signifie qu'on est loin de la réalité. Opinion souvent partagée par les professionnels eux-mêmes, critiques et journalistes, lorsqu'ils opposent au roman dit « littéraire », l'expérience vécue, l'aventure ou la tranche de vie. L'un est un exercice d'esthète, un divertissement de lettré, tandis que les autres nous plongent en « pleine pâte humaine ». A l'occasion, on n'hésite pas à leur trouver d'illustres précédents. Dès qu'il voit poindre entre deux pages le pompon rouge d'un marin ou se profiler à l'horizon du livre une côte exotique, le chroniqueur de service rameute en hâte quelques souvenirs de lecture et ne manque pas d'évoquer les grandes figures de Melville et de Conrad. En refilant son rossignol sous un label de qualité il rassure son public et protège en même temps sa réputation. Double avantage dans une société où (comme dans n'importe quelle autre) la bonne mine ne suffit pas pour obtenir du crédit. La bonne mine, c'est le talent mais comment l'apprécier ? On manque d'instrument. La cote est changeante sur le marché. Alors on exige des garanties, autrement dit du sérieux et, de nos jours, le sérieux, ce sont les idées. Un roman muni d'un bon portefeuille d'idées est un placement avantageux. A condition qu'elles soient repérables aisément. Au besoin on les indiquera au lecteur sur un texte imprimé au dos de la couverture. Le mode d'emploi fournira les différents ingrédients contenus dans l'ouvrage. Il suffira de détremper à l'eau tiède, comme on le fait avec un potage en boîte, pour obtenir la matière d'un article de trois colonnes ou d'un bavardage d'une demi-heure à la radio. Michel Tournier est un orfèvre en la matière. Dosant avec mesure la réflexion philosophique, les références culturelles, l'allusion à quelque mythe récurrent, le commentaire dont il accompagne la sortie de ses romans constitue un modèle de dépliant publicitaire. Mais il a trouvé son maître de l'autre côté des Alpes.

Il y a quelques années, un roman d'aventures, écrit par un sémiologue italien un peu farceur, reçut un accueil triomphal. Sur un canevas policier inspiré du personnage de Sherlock Holmes, l'auteur brodait une succession de brillantes métaphores où tour à tour l'Histoire, la Religion, la Philosophie, l'Architecture, le Langage étaient figurés et remis en question. Nouveau Pic de la Mirandole mâtiné de Conan Doyle, Umberto Eco devint aussitôt la coqueluche des médias et du grand public, non pas pour la puissance de son génie artistique — par ailleurs assez ordinaire — mais pour son habileté à exciter les cellules grises de ses lecteurs. Un lecteur qui pense est un critique qui s'ignore, dirait le docteur Knock dont la méthode, on le sait, consistait à mettre au lit toute une population en bonne santé. Rien n'est plus contagieux en effet que de se sentir malade ou de se croire intelligent.

*

Un écrivain ne manque pas d'intelligence, on s'en doute. Elle est d'un autre ordre. Marthe Robert le dit très bien à propos de Kafka qui ne pense « qu'en inventant des histoires, des personnages, des situations et des formes ».

Sur le chemin de la connaissance, l'imagination nous conduit plus sûrement (et plus loin) que l'intelligence discursive. Pour simplifier disons que, dans un texte littéraire, c'est la beauté qui nous convainc et non le raisonnement. Il suffit d'une image, d'un mot, d'une sensation décrite pour nous introduire au cœur de la réalité. Une page de *Candide* sur la bataille des Bulgares et des Abars vaut tous les discours pacifistes contre les horreurs de la guerre. Malheureusement, elle est aussi vaine...

*

Kafka a été un grand amour de ma jeunesse, une passion qui demeure aussi vivace aujourd'hui, malgré la montagne d'exégèses amassées sur ses livres. Fasciné par l'homme autant que par l'œuvre, j'étais près de le considérer comme un saint. Il l'était sans doute, si les saints ont des lumières sur le monde, que nous n'avons pas. Je recopiais des phrases de son *Journal*, je les apprenais par cœur : « Celui qui de son vivant ne vient pas à bout de sa vie, il a besoin de l'une de ses mains pour écarter un peu le désespoir que lui cause son destin... » A l'âge que j'avais, ce destin était le mien, le désespoir me convenait et celui que je lisais sur le beau visage de Kafka, dans la profondeur de son regard, me semblait plein de pitié pour le sort des hommes. Plus qu'une curiosité intellectuelle, il y a dans ce genre d'admiration un besoin de partager, de reconnaître l'âme sœur qui nous a précédé sur le chemin de la solitude. C'est à moi que Kafka s'adressait, je le savais, et même si je ne comprenais pas bien le sens des histoires qu'il me racontait, peu importe, je retrouvais en elles la réalité ou plutôt le sentiment que j'avais, moi aussi, de la réalité. Rarement un auteur, par la clarté de son langage et l'extravagance de ses inventions, m'avait donné une telle impression d'*évidence*. Oui, c'était vrai, chacun de nous pouvait se réveiller un matin, métamorphosé en vermine comme le pauvre Grégoire Samsa, c'est-à-dire coupé de ses semblables, rejeté par eux, incapable de se faire entendre, voué aux ordures, à la misère d'une condition animale où seule subsistait, tout au fond de l'oubli, la nostalgie du Beau, un air de violon que joue la petite sœur, le portrait d'une femme que Grégoire avait naguère épinglé au mur. Kafka énumérait les éléments de notre destinée, comme un huissier de justice opère une saisie, sans omettre aucun détail, même par l'humour, la bouffonnerie qui naissent naturellement des situations les plus tragiques. Ce rire qui nous prend au moment où tout va mal, quand les ennuis se succèdent et s'accélèrent au point de se détruire l'un l'autre et que le monde entier se met brusquement à ressembler à une énorme plaisanterie, cette gaieté un peu folle devant la folie du monde, nous la connaissons bien, nous l'avons éprouvée plus d'une fois, sans nous rendre compte où elle nous menait, sauf à la mort, comme s'en va vers son procès le brave et honnête K. errant dans le dédale d'un immeuble crasseux, à la recherche de son juge. Il pousse des portes, découvre des logements enfumés, des femmes en train d'étendre du linge ou d'agiter des casseroles, un malade au lit, des enfants qui piaillent, bref la vie, rien que la vie, c'est-à-dire le cauchemar. Un cauchemar décrit sans complaisance, avec réalisme, la vitalité et l'imagination prolifique d'un romancier populaire, comme le suggère Pietro Citati dans son essai remarquable sur Kafka. Kafka ou l'Eugène Sue des bas-fonds de la conscience humaine, voilà de quoi alimenter un futur symposium !

*

Dans l'expression « Tout le reste est littérature », c'est ce fameux « reste » qu'on aimerait définir. Aucune règle heureusement ne nous permet de juger que telle œuvre appartient ou non à la littérature. Il n'existe que des cas d'espèce. Celui de Kafka est exemplaire parce qu'il est extrême. Grâce à lui, nous touchons du doigt ce qu'il y a d'irréductible dans l'art, ce qui *reste* précisément une fois qu'on a épuisé toutes les analyses et les explications possibles. Comme le dirait un publicitaire, Kafka nous en donne *plus*. La littérature aussi.

Proust parle d'une chanson, de « l'air d'une chanson qu'il distinguait bien vite sous les paroles », quand il lisait un livre, *« et qui ne ressemblait à aucun autre »*. Flaubert, d'une couleur, « la couleur jaune », par exemple, dont il voulait donner la sensation en composant *Salammbô*. Ni l'un ni l'autre ne prétendent substituer la peinture ou la musique à l'art d'écrire. Ils remarquent seulement que le pouvoir des mots ne s'arrête pas à leur apparence. Chacun possède une réserve d'énergie qui se révèle à l'usage qu'on en fait, à la place qu'on leur donne.

Je me souviens de la réflexion d'un élève, il y a longtemps, à propos d'une nouvelle de Pouchkine qu'il venait de lire. (Il était amusant, ce garçon qui allait devenir bientôt un excellent comédien, toujours agité et questionneur, il répétait : « Écoutez... écoutez... » On écoutait et les mots ne venaient pas ou bien ils se bousculaient parce qu'à son âge on découvre tellement de choses en même temps qu'on ne sait plus dans quel ordre les mettre.) Donc Jean-Luc me dit : « Écoutez, Pouchkine écrit : "La mer était grande." C'est pas terrible et pourtant la mer est là. Pourquoi ? » Oui, pourquoi ? Une trouvaille ou un cliché ?

Ce que nous surprenons au cours d'une lecture, dans l'intervalle des mots, est parfois plus important que les mots eux-mêmes. Le *reste,* c'est ce qu'on ne dit pas. Rappelez-vous la scène où Lamiel vient d'être déflorée (à sa demande) par un grand nigaud. « (Elle) s'assit en le regardant s'en aller. Elle essuya un peu le sang et songea à la douleur. Puis elle éclata de rire : "Comment, ce fameux amour, ce n'est que ça !" »

A propos de ses premiers exercices littéraires, Julien Green note dans *Jeunesse* : « De ces essais en apparence infructueux, il me resta la certitude que rien n'était proprement descriptible, sauf d'une manière indirecte... On tue les choses en les désignant par leur nom. Le mot juste est parfois le mot d'à-côté. »

On tue les choses de la même façon en les plaçant sous un éclairage direct qui aplatit les formes, supprime le relief. Le mot d'à-côté, c'est l'équivalent du contre-jour ou de l'image réfléchie dans un miroir. Une comparaison que je suis tout heureux de retrouver dans la première des *Leçons américaines* d'Italo Calvino, une série de conférences qu'il devait prononcer aux États-Unis et dont la rédaction a été interrompue par la mort. Calvino évoque le mythe de Persée et de la Gorgone : « Pour trancher la tête de Méduse sans s'exposer à devenir pierre (...) son regard se pose sur ce qu'une vision indirecte est seule en mesure de lui révéler, c'est-à-dire une image capturée dans un miroir. » De là à penser que le mythe est une leçon pour l'écrivain et lui enseigne le moyen de saisir la réalité, il n'y a qu'un pas (et un meurtre !).

*

Il arrive que nous gardions d'un livre un souvenir fragmentaire, une impression diffuse qui continue de vivre en nous, d'agir sur nous comme le ferait une révélation. Dans la vie il suffit d'un détail pour nous restituer la présence d'un être aimé, d'un paysage qui nous est cher. De même nous n'avons besoin que de quelques lignes, une scène, une réplique pour que l'œuvre resurgisse à nos yeux dans tout son éclat. Pendant que j'écris, je pense au récit de Tolstoï, *la Mort d'Ivan Ilitch,* lu il y a de longues années et dont je n'ai conservé pour l'instant qu'une image en tête, celle de l'arrivée du jeune domestique Guerassime dans la chambre de son maître. Guerassime est là pour tenir son rôle de garde-malade. Il s'en acquitte avec beaucoup de conscience et de gentillesse. Il lave Ivan Ilitch, il l'habille, il le transporte dans ses bras, ne reculant devant aucune besogne, même la plus rebutante. Quand il entre dans la pièce, il répand autour de lui, écrit Tolstoï, « une agréable odeur de bottes goudronnées et d'air froid ». C'est donc cette odeur qui m'est restée dans la mémoire. Avec elle, Guerassime apporte la vie. Une vie qui s'exprime dans sa démarche, ses gestes, ses joues roses, son regard vif, ses dents blanches et serrées, la délicatesse et la sûreté avec lesquelles il soulève le maigre corps de son maître et le dépose dans son fauteuil. Guerassime incarne à lui seul la force inépuisable de la jeunesse, la somme des jours et des années à venir que le moribond ne connaîtra jamais.

Pourquoi tant de soins ? se demande Ivan Ilitch. « Parce que nous mourrons tous », répond Guerassime avec franchise. Ce qui n'est pas une idée commune à son âge où on se croit volontiers immortel et nous confirme, s'il en était besoin, que ce jeune homme a bien la figure du destin. « Il pensait à son heure dernière, ajoute Tolstoï, espérant qu'on agirait de même pour lui, quand son tour viendrait. » Comme si le squelette de Guerassime se devinait déjà en transparence derrière la peau ferme et tendre de son corps.

Pour quelle raison ai-je retenu cette image et non une autre ? Je n'ai jamais respiré l'odeur agréable des « bottes goudronnées » (et je le regrette) mais celle de l'air froid, je la connais. Il suffit que je sois alité pendant quelques jours, par exemple, et qu'un ami vienne prendre de mes nouvelles. Cet air du dehors qui entre avec lui et imprègne ses vêtements évoque pour le malade que je suis, confiné dans sa chambre, la liberté d'aller et venir au milieu des lumières de la rue, du bruit, du mouvement de la foule, toutes ces choses de la vie quotidienne dont je suis momentanément exclu. Rien de dramatique dans tout cela, ni de comparable au triste état d'Ivan Ilitch mais rien non plus qui m'empêche (avec un peu d'imagination) d'éprouver, comme lui, cette nostalgie de la jeunesse et de la santé.

La littérature nous permet de mener une double existence. Celle que nous vivons (sans la voir) et celle que nous voyons (sans la vivre). Il arrive que les deux se confondent et c'est le bonheur.

*

L'enfant Stevenson est envoyé au village pour quelque commission, un livre de contes de fées sous le bras : « Je descendis tout seul vers le hameau, à travers un bois de sapins, et je lisais tout en marchant... Jamais je n'ai oublié le choc de ce plaisir nouveau... »

L'art de la fiction — ou plus simplement le plaisir de raconter — est lié à nos impressions d'enfance, parce qu'il correspond à quelque chose de profond (et d'obscur) chez l'homme : le besoin de s'émerveiller, d'inventer pour soi des merveilles, ce que Stevenson appelle avec humour « l'insondable puérilité de l'imagination humaine ».

Un exemple : dans le village d'Écosse où il passe ses vacances au bord de la mer, les garçons de son âge — il a dix ou douze ans à l'époque — ont une curieuse coutume. Quand septembre arrive, ils sortent de chez eux à la nuit tombante, avec une lanterne sourde accrochée à la ceinture. Chacun a revêtu un manteau soigneusement boutonné, de façon qu'aucune lueur ne paraisse au-dehors. C'est la règle. On s'aborde mystérieusement : « Tu as une lanterne ? — Oui ! » Certains se réunissent dans la cale d'un vieux bateau de pêche et là, serrés les uns contre les autres, dans le bruit du vent, les odeurs de poissons et de métal chauffé, ils ouvrent leurs manteaux et se disent des choses importantes. Mais le vrai bonheur pour ces garçons, nous dit Stevenson, c'est de se promener dans le noir, tels des « piliers de ténèbres » avec pour unique compagne la présence de cette lumière intérieure qu'ils sont seuls à connaître.

On retrouve dans ce souvenir d'enfance les éléments qui sont à l'origine de l'invention romanesque : le jeu, le mystère et le symbole. Il les contient tous en devenir, comme une espérance, la petite flamme qui tremble sous le manteau des « porteurs de lanternes ».

*

Pourquoi ne pas s'adresser plus souvent aux écrivains quand on étudie la littérature ? Pourquoi ne pas profiter de leur expérience, tirer parti de leurs aveux pour tenter de saisir les procédés de la création artistique ?

Est-il indispensable de « ne pas savoir écrire pour s'occuper des écrivains et des écritures » ? Péguy se posait déjà la question il y a près d'un siècle, quand il partait en guerre contre les maîtres penseurs de l'Université d'alors, tous « ces petits dominateurs qui prétendent faire l'histoire d'une réalité sans rien entendre à cette réalité ».

Que dirait-il aujourd'hui, le génial petit

homme, toujours furibard dans sa boutique de la rue de la Sorbonne, accrochée comme une teigne aux flancs de l'alma mater ? Les gibus d'antan ont disparu mais les cervelles sont identiques. « Gardez votre chapeau, sinon le génie s'envole », disait Gauguin en pensant à Brunetière. Elles ont même progressé, les cervelles, si le progrès consiste à courir plus vite (et plus loin) dans la sottise jargonnante. Écrire, entendons-nous, ils en sont capables, ces braves gens bardés de diplômes, qui jugent les œuvres et leurs auteurs. Ils savent écrire comme on sait compter, c'est-à-dire aligner des mots, enfiler des phrases, entasser des paragraphes mais, pour un écrivain, écrire c'est *inventer*, et comment apprécier le moyen d'inventer si on n'invente pas soi-même ?

J'ai appris l'histoire de la littérature dans un vieux manuel d'avant-guerre qui sentait l'eau bénite et s'arrêtait à Paul Valéry pour la période dite « moderne ». « Poète difficile », précisait l'auteur. C'était bête mais pas méchant et de toute façon inutile. Si l'envie nous prenait de lire les poètes et les romanciers contemporains, nous n'avions besoin de personne (et surtout pas du professeur) pour guider notre choix. Le seul fait de les voir encagés dans les chapitres d'un manuel scolaire aurait suffi à nous les rendre infréquentables. Le manuel, c'était la prison ou le musée, la perruque et le cercueil. Les écrivains que nous aimions se cachaient dans les revues, sur les quais, chez les bouquinistes du Quartier latin. Ils avaient un aspect mystérieux, une démarche imprévisible, bien vivants et libres encore de leur destin. Pour entrer à l'école, il faut sortir de la vie, attendre son tour, prendre son rang, trouver sa vraie forme et son vrai visage pour l'éternité, comme les morts que nous avons chéris, après le temps des larmes, s'installent peu à peu dans notre mémoire. L'amour aussi a sa postérité.

De nos jours, la postérité c'est maintenant et tout de suite. Du moins dans les manuels scolaires destinés aux étudiants et aux élèves des classes terminales. Publiés par des maisons réputées sérieuses — Larousse, Bordas ou Flammarion — sous la signature de professeurs distingués, ces ouvrages offrent à leur public le tableau rassurant d'une littérature en ordre de marche où les écrivains de notre temps sont classés par rang de taille (ou par préférence), groupés par genres (ou par sympathie), accompagnés de leur état de services. Les photos de Robbe-Grillet et de Françoise Sagan remplacent les portraits de Balzac et de George Sand, les chansons de Trenet et de Brassens répondent à celles des troubadours et de Charles d'Orléans. Nous voilà donc tranquilles, les convenances sont respectées, les partis pris également. Au lieu de bâiller en compagnie de *Polyeucte* ou d'*Atala,* nos potaches peuvent se divertir en fredonnant *Y a d' la joie* sur l'air de *la Jalousie*. Le principal, c'est de les mettre au plus vite en contact avec la réalité d'aujourd'hui, en prise directe sur notre époque.

Seront-ils pour autant en contact avec la littérature, c'est une autre affaire. Vivre avec son temps, ce n'est pas forcément le connaître. A voir la façon dont, chaque jour, les événements nous surprennent, on pourrait même croire le contraire. Je veux dire que nos habitudes de penser et de sentir, notre environnement social sont souvent les causes de notre aveuglement. La *réalité* d'aujourd'hui, comme ils disent, ce n'est souvent que l'*oubli* de demain. Les noms que je viens de citer en sont une preuve. Pour un adolescent des années quatre-vingt, Robbe-Grillet est une vieille lune, Sagan une vieille dame et le petit chapeau du fou chantant paraît aussi désuet que le canotier de Maurice Chevalier ou la mèche de Mayol.

Obsédés par l'angoisse d'être en retard sur leur temps, nos pédagogues avancent leurs pendules mais ne changent pas de méthode. Qu'ils soient myopes ou presbytes, le résultat est le même. Ils chaussent leurs lunettes pour voir ce qu'il *faut* voir et non ce qui existe. Le nez sur l'événement, comment seraient-ils capables de le discerner ? A un siècle de distance, parler de Sully-Prudhomme ou de Claude Simon, quelle différence ? Dans les deux cas, c'est parler de qui on parle, reconnaître des valeurs établies et suivre le goût du jour. Je ne dis pas qu'ils se trompent, je dis qu'ils prennent parti en s'inspirant de la coutume, de la mode ou de l'idéologie. Leur jugement n'est qu'une opinion, c'est-à-dire pas grand-chose.

Un manuel de littérature contemporaine

publié au Grand Siècle par les soins de Vadius et de Trissotin aurait consacré un chapitre entier aux romans de Mademoiselle de Scudéry et trois lignes à Molière. Nous n'en sommes pas loin avec nos « petits maîtres » actuels qui ont dressé un tableau d'ensemble, à usage scolaire, des écrivains français depuis 1945. Pour eux, Louis Guilloux et Pierre Gascar n'existent pas, Henri Thomas n'est que le traducteur de Jünger *(Sur les falaises de marbre)*, José Cabanis, l'auteur d'un recueil de critiques. Quant à Simenon, il a le rare privilège de figurer dans la « para-littérature », non loin de Bécassine et d'Astérix !

*

Je crois que l'amour de la littérature ne va pas de pair avec son enseignement. C'est une expérience que j'ai vécue jadis sur les bancs de la Sorbonne. Plus tard, quand j'ai enseigné à mon tour, je me suis rendu compte qu'un professeur, quel que soit son goût (ou même sa passion) pour la chose littéraire, reste toujours en dehors ou à côté de l'œuvre qu'il explique. S'il prétend y entrer, ce n'est jamais comme un lecteur innocent, surpris par le paysage qu'il découvre et qui se laisse conduire sans savoir où il va, mais comme un chasseur à l'affût, l'arme au poing et l'œil aux aguets, posté à chaque détour de phrase et tirant à vue sur tout ce qui bouge. Quand il ressort du bois, la besogne faite et le carnier plein, il ne laisse rien de vivant derrière lui. Le texte est mort, l'auteur aussi. Seul le chasseur se porte bien, avec le sentiment du devoir accompli.

Depuis que les sciences humaines ont envahi le domaine artistique, la race des prédateurs s'est multipliée. Ce qui restait de terres vierges ou sauvages, les réserves naturelles où se réfugiaient encore quelques espèces protégées sont désormais cernées par les forces de l'ordre intellectuel. Rien n'échappe au ratissage méthodique qu'opèrent sur le terrain des bataillons de linguistes, de sociologues et de psychanalystes. Les traces du moindre embryon de vie sont rapidement repérées, la victime identifiée, fichée, répertoriée. Frappée de terreur et forcée dans ses derniers retranchements, l'œuvre littéraire montre cet air vaguement hébété et consentant du gibier pris au piège.

Je me demande si ces prétentions scientifiques ne nous ramènent pas aux idées du siècle dernier, quand Taine et consorts traitaient la création artistique comme un phénomène de société, n'y voyaient qu'un produit du milieu et du moment.

Il arrive aussi que le « progrès » retarde.

*

Contrairement à l'opinion commune, une œuvre vraie passe souvent inaperçue. Parce que la vérité, c'est le secret. Elle ne se laisse pas voir. Alors que pour le public, la vérité c'est ce qu'il a l'habitude de voir. Quand Alfred Jarry publia *Messaline*, la mode était aux romans « antiques ». Les critiques en avaient par-dessus la tête de ces péplums et de ces orgies romaines, mais le public marchait. Il ne marcha pas pour *Messaline* qui ne lui donnait pas ce qu'il cherchait. Il préférait *Quo vadis ?* qui ne lui donnait rien.

Nous sommes environnés de ces livres « invisibles » dont la forme et les couleurs, encore indistinctes à nos yeux, (comme sur les clichés d'un polaroïd) apparaîtront avec le temps.

Mémento

Le fait qu'un certain nombre d'individus, pour vivre ou pour passer le temps (qui le sait ?), éprouvent le besoin de nous dire — par écrit — comment ils vivent et à quoi ils passent le temps, à première vue, ce n'est pas naturel.

Il faudrait remonter loin dans sa mémoire et retrouver le premier instant, vierge de toute idée préconçue, de toute habitude, de toute ambition, où on s'est assis seul, devant une table, avec de l'encre et du papier, pour se *représenter* quelque chose. Ce qui est ennuyeux, c'est que, même retrouvé, cet instant on ne pourra pas le revivre puisqu'on est soi-même rempli d'habitudes, d'idées préconçues, d'ambition. On ne pourra que se le *représenter*. En l'écrivant.

*

Je me souviens. En classe de sixième, un enfant s'ennuie parce que son professeur de français donne des sujets de narration d'une banalité écœurante. Alors que partout dans le monde, des milliers d'explorateurs vous attendent de pied ferme pour escalader des montagnes, tomber dans des précipices, dériver sur des banquises, alors que des cannibales vous guettent sous les tropiques, que les châteaux d'Écosse sont pleins de squelettes qui soupirent, tandis que les tempêtes éclatent, que les volcans explosent, que le paquebot de luxe s'enfonce sous les flots déchaînés : une mêlée indescriptible précipite les passagers par-dessus bord, les hommes se déchirent, les femmes hurlent, tenant leur bébé à bout de bras : « Sauvez-le ! sauvez-le ! », un noble vieillard cède sa place dans le canot : « J'ai assez vécu... », quelque part un prêtre distribue des absolutions et la foule chante le *Salve Regina*, là-haut, sur la coupée, immobile et serein, le commandant en grand uniforme, salue militairement la vague qui l'engloutit... Alors que chaque minute est un monde et que le monde change à chaque minute, immuable comme l'Enseignement, monotone comme l'Éternité, le professeur dicte : « Racontez vos impressions de vacances. La visite à la ferme. Portrait de mon chien Toto... »

A l'étude du soir, le chien Toto est expédié en quelques phrases. Retranché derrière un rempart de livres, le garçon ouvre un cahier qui ressemble à un cahier de classe. Il a l'air de préparer une leçon ou de chercher un problème. Il est parti pour l'Océanie, dans une île déserte où il y a des palmiers, des requins, l'amour, l'amitié... Il est perdu pour la vie.

*

Tout cela n'est peut-être qu'une comédie. La comédie des « mots », comme dit Sartre. On vit avec des mots, au milieu des mots, on s'amuse à les assembler, comme les petits camarades font des puzzles. On a connu un plaisir et on voudrait le renouveler pour soi. Un plaisir solitaire. La vocation littéraire, c'est d'abord une forme de l'onanisme. Il est préférable de ne pas en rester là. A force de se faire plaisir, on est incapable d'en faire éprouver aux autres. Cela se vérifie tous les jours. Les onanistes cérébraux sont à la mode.

Quand il était enfant, Aragon jouait aux *secrets*. Il griffonnait partout, sur les murs, les portes, les rideaux. « Écrire ses secrets n'était pas qu'une idée d'enfant : c'est peut-être la clef de tout art, qui se propose, au-delà du langage à soi, la création de *signes*. »

*

Paul Léautaud écrit dans son *Journal littéraire* : « Les gens qui s'imaginent que les écrivains sont heureux ! On ne jouit de rien, l'esprit tendu sans cesse par son travail, sans cesse uniquement occupé de cela... Le plus souvent, on envie le bon employé qui rentre chez lui, le soir, met ses pantoufles, dîne, lit son journal, se met au lit, baise sa femme et s'endort, absolument ignorant de cette passion d'écrire pour se raconter soi-même ou pour raconter l'histoire de personnages inventés. »

C'est par horreur d'être le « bon employé » qu'on a voulu être le « malheureux écrivain ». De quoi se plaint-on ? Il est vrai qu'après une période de « sécheresse » — ou par suite de tribulations diverses — on se dit : « Et si j'avais perdu l'habitude d'écrire ? Si j'avais oublié comment on fait ? » L'espace d'un instant, c'est comme un mirage devant soi, la perspective d'une existence tranquille, reposée, légère, où chaque jour est un plaisir qui passe, chargé d'aucune préoccupation, d'aucun regret, d'aucun remords. Comme tout deviendrait simple soudain : le travail, les dimanches, les amours... Avoir la paix, enfin. Pour en crever.

A d'autres moments, au contraire, il m'arrivait d'être absent, au milieu d'une assemblée ou d'une conversation. Je regardais mes camarades, j'entendais leurs voix, je me demandais ce qu'ils faisaient là, à quoi ils occupaient leur temps, comment il leur était possible de continuer à vivre, ce qui pouvait bien les intéresser de la vie, puisqu'ils n'avaient pas d'autre chose à faire que de vivre. Ils n'écrivaient pas, comme moi. Ils n'avaient pas « ça » en tête comme je l'avais, moi, toujours dans les yeux, projeté sur les êtres et les choses que je voyais. J'étais près de croire qu'ils ne vivaient pas. Le même genre de vertige que si on m'avait dit : *Dieu n'existe pas* et alors, le monde devenait tout petit. Écrire, c'était Dieu. *La littérature n'existe pas* et alors, la terre devenait toute petite, comme une pierre.

*

Au bord de l'eau, près de Pontoise, dans une guinguette où nous venions dîner, je regardais le soleil se coucher de l'autre côté de la rivière et — parce que j'étais avec un garçon que j'aimais — le spectacle me paraissait d'une perfection presque irréelle, comme l'état de bonheur où je me trouvais. Je me lamentais sur cette beauté : « Comment veux-tu décrire ça ? disais-je à mon compagnon. Comment trouver les mots, les phrases capables de rendre la réalité de ce que je vois ? »

Le problème était mal posé car il ne s'agissait pas de voir mais de sentir ou d'éprouver.

Le coucher de soleil n'était qu'un prétexte, une façon d'avouer que j'étais amoureux et que cet amour (non plus) ne pouvait se dire. Quand on écrit, les mots ne désignent pas (seulement) les choses. Ils *sont* les choses. Ils s'efforcent de l'être en tout cas. Ils changent de nature sans changer d'aspect. C'est de l'alchimie la plus élémentaire.

Les années ont passé. Qu'est-il devenu, mon coucher de soleil au bord de l'Oise ? Il aurait suffi d'un peu de patience pour dire le ciel rouge, l'odeur de l'eau, la grâce d'un visage, l'amour que j'avais au cœur. Je n'ai pas su attendre. Le garçon a grandi, il m'a quitté. Aujourd'hui il est mort. Que reste-t-il de cet instant ? Ces lignes que j'écris comme une croix sur une tombe.

*

Quand je faisais du théâtre, j'apprenais le mime avec Roger Desmare. Un des exercices consistait à représenter quelqu'un qui s'amuse avec un ballon, le fait sauter et rebondir sur ses mains. Tous mes efforts d'imitation ne donnaient rien. « Il ne s'agit pas d'*imiter* quelqu'un qui joue avec un ballon, me dit Roger, tu n'y arriveras jamais. Il s'agit d'*être* le ballon. »

*

L'enfant s'amusait de la façon suivante. Il construisait des villes. Pour cela, il n'utilisait pas les maisons toutes faites qu'on vend dans les bazars, il prenait des briques, des tuiles, des bouts de planches et chaque matériau avait sa destination précise. Les briques empilées à différentes hauteurs représentaient les immeubles ou les bâtiments administratifs. Pour obtenir une église ou un beffroi, il suffisait d'en ajouter une au sommet, posée dans le sens vertical. Les briques creuses avaient un avantage à cause des alvéoles qui étaient comme autant de fenêtres percées sur la façade. Les tuiles servaient aux habitations courantes. Pour la partie la plus ancienne de la ville, l'enfant choisissait les vieilles, de couleur indistincte, tachées de mousse ou de lichen. Il les assemblait deux par deux, appuyées l'une contre l'autre, il les disposait parallèles ou perpendiculaires à la rue, de manière à former un entremêlement de toitures pressées autour du clocher. Avec les tuiles mécaniques il construisait les maisons ouvrières, les hangars, les fabriques, reliés par des planches qui étaient les murs ou les palissades. L'ensemble couvrait les abords de la ville, c'était une banlieue lépreuse qui poussait ses tentacules selon les besoins de l'imagination.

L'enfant passait des journées entières dans sa ville. Elle changeait de place, tantôt dans une cour ou sur une allée, au milieu d'une plate-bande. Elle changeait d'aspect aussi avec les accidents du terrain, la variété du temps et des paysages. Un trou d'eau la transformait en station balnéaire, un peu de verdure lui valait un jardin public. Quand il était fatigué de bâtir, l'enfant se promenait dans sa ville. Il ne s'y promenait pas vraiment, seulement des yeux, et ce qu'il voyait, bien sûr, personne d'autre que lui ne pouvait le voir. Ce qui faisait dire aux gens : « Qu'est-ce que ça représente ? » De toute évidence, cela ne représentait rien. « Vas-tu nous débarrasser de ces horreurs ? disaient ses parents. Tu abîmes le jardin et tout le monde se prend les pieds dedans ! » (Encore heureux que les parents, eux, ne se prennent pas la tête à deux mains pour penser : Notre fils est fou.)

Ce qui les séparait de l'enfant, ce n'était pas la raison, l'âge ni même l'imagination. C'était le regard, ou plutôt l'intérêt, l'attention que chacun mettait dans son regard. Les parents ne pouvaient pas s'intéresser à un tas de briques dans un jardin. Pour eux, la réalité (des briques) l'emportait sur la fiction (de la ville). Pour l'enfant, c'était le contraire. La ville était réelle parce qu'elle correspondait à une idée qu'il avait dans la tête. Elle n'avait pas besoin d'être ressemblante, ni même véritable. Il lui suffisait d'être vivante. De la vie, elle avait tous les privilèges, notamment celui de se reproduire, de se modifier, de se prêter aux fantaisies. Elle était authentique et imaginaire. C'était aussi la raison pour laquelle elle ne ressemblait à rien.

Quand on écrit un livre, je me demande si on n'a pas dans la tête l'idée d'une ville ou d'autre chose. Je veux dire que dans l'acte d'écrire, il y a d'abord la volonté ou le désir enfantin, illusoire, de faire voir une réalité qui existe quelque part et que personne n'a encore vue. Et pour cause puisqu'elle n'existera, cette réalité, que le jour où elle sera représentée. On prend pour modèle ce qu'on est en train de faire. On imite ce qu'on invente.

*

Ou peut-être est-ce une sensation de manque, le sentiment d'une absence ? Tout le monde sait qu'une absence, c'est ce qu'il y a de plus lourd à porter. On a besoin de la conjurer en lui donnant une forme, un langage. Pendant que j'écris, ce matin, j'en ai une qui me pèse, elle ajoute à tous mes gestes quelque chose de vague et d'inachevé, elle est dans ma démarche, dans mes yeux, dans l'air que je respire, la musique que j'entends. Comme je voudrais vous en parler, sans le dire, pour me délivrer, et ce que je vous dirai de cette absence n'aura apparemment aucun rapport avec son objet, vous n'y reconnaîtrez personne, une silhouette, l'éclat d'un regard, la chaleur d'une main. Vous n'apprendrez rien de son histoire, je ne raconterai rien de la mienne. Je vous dirai simplement : au réveil, le ciel m'a paru un peu sombre, la maison était silencieuse, une voisine parlait dans la cour, sa voix avait une résonance bizarre. Je me demandais à quoi elle ressemblait. Il y avait de la poussière sur le bureau, je prenais un chiffon pour l'essuyer. En passant devant la glace, je regardais mes joues qui n'étaient pas rasées, je les palpais du bout des doigts. La voix dans la cour faisait penser au roucoulement d'un pigeon, c'était peut-être un pigeon. Je pinçais la bouche pour examiner mon menton. Il y avait un autre bruit dans le ciel, qui ne ressemblait ni à la voisine ni au pigeon. Un avion sans doute. Si j'avais un avion, je pourrais aller très vite et très loin, je ne serais pas obligé de rester ici pour mon travail, je pourrais partir et revenir aussitôt. Dans une heure, je sentirais l'odeur des pins, je verrais la mer, j'entendrais le claquement des vagues sur les rochers, un nom qu'on appelle. Je quittais la glace pour allumer une cigarette. La voix avait disparu, le pigeon s'était envolé, l'avion avait quitté le ciel, le ciel était devenu bleu. Il y avait encore un peu de poussière sur le bureau. On est triste d'être seul, on est heureux d'être triste. Depuis un moment déjà, on n'est plus tout à fait triste ni tout à fait seul. Il y a quelqu'un près de vous, penché sur votre épaule, qui écoute. On n'en finira pas de lui parler.

*

Le Maître emmène avec lui le petit Émile pour lui montrer comment le soleil se lève. On choisit une hauteur d'où l'on pourra admirer la métamorphose du paysage et on se pâme sur les couleurs du ciel, le chant des oiseaux, la rosée qui perle à travers le feuillage : « Il y a là une demi-heure d'enchantement auquel nul homme ne résiste », écrit Rousseau.

L'homme est faible, il est victime de son cœur, de son imagination, de sa mémoire. L'enfant résiste très bien, lui, parce qu'il ne sent rien. Son cœur est neuf, son imagination manque d'expérience et sa mémoire de souvenirs. Il regarde le monde qui s'allume, une lueur dans le ciel, des arbres qui brillent, des oiseaux qui font du bruit... Et puis après ?

« “C'est beau ! le Maître sanglote, tu ne trouves pas que c'est beau ?” — “Oui”, dit l'enfant qui ne veut contrarier personne mais il vient d'apercevoir une fourmi en équilibre sur un brin d'herbe et il s'amuse à lui faire faire de la balançoire. S'il osait, Émile dirait au Maître : “Regarde, c'est beau !” »

Chacun met sa vie dans un paysage et le paysage dans son cœur. De la vie (et du cœur) chacun retient ce qu'il peut.

*

Germaine Beaumont m'a raconté :

« Je n'ai jamais eu besoin qu'on me parle de l'amour de la nature. Pendant mon enfance, je vivais presque toute l'année à la campagne. J'étais une élève de Jean-Jacques. Les levers et les couchers de soleil n'avaient pas de secret pour moi. Un jour, je devais avoir treize ou quatorze ans à ce moment-là, j'étais au lycée à Paris, la maîtresse nous donne comme sujet de composition française, devinez quoi ?

— Un coucher de soleil ?

— Exactement. Vous imaginez mon enthousiasme ?

— J'ai du mal.

— Parce que vous êtes un enfant des villes, vous avez grandi sur le bitume, dans la lumière des réverbères. Moi, j'ai poussé dans les odeurs de luzerne et j'allais enfin pouvoir jeter sur le papier tous les émois de mon petit cœur de jeune fille, écraser de ma supériorité “native” les collégiennes citadines qui promenaient leurs joues pâles sous les acacias du bois de Boulogne.

— Et alors ?

— Alors ? Rien. Un désastre, je n'ai écrasé personne et durant les deux heures du devoir, toutes les chaleurs de mon inspiration se sont éteintes dans la glace de l'encrier. Les images se pressaient devant mes yeux, je restais là, impuissante, à les regarder. Chaque fois que je tentais de les décrire, elles m'échappaient ou devenaient méconnaissables. Comprenez-moi, ce n'était pas les mots qui me manquaient ni l'adresse à les assembler. Je m'estimais assez habile ou exercée pour brosser en deux coups de cuillère à pot n'importe quel exemplaire de “coucher de soleil” qu'on exigeait de moi. Je pouvais dire les couleurs, les oiseaux, les parfums, j'étais capable de “faire ressemblant”, comme on dit, et la maîtresse n'en demandait pas davantage mais aucune ressemblance n'était possible avec le coucher de soleil que moi, je connaissais et dont je croyais qu'il suffisait de garder le souvenir pour pouvoir le reproduire. J'ai remis une copie blanche. Ce fut mon premier travail d'écrivain. »

*

Robbe-Grillet raconte une autre histoire, lui. Une histoire de mouettes, que j'ai lue dans un de ses articles destinés à mettre en valeur la pertinence de ses théories littéraires. Contrairement à ses livres, Robbe-Grillet est d'un commerce agréable, vif et enjoué, par ailleurs bon pédagogue, il explique mieux qu'il ne convainc. Je me souviens d'un débat auquel nous avons participé à La Rochelle, dans les années soixante, où devant un parterre de professeurs et d'étudiants confits en dévotion, il démontra avec brio que le « nouveau roman » en général et ses propres ouvrages en particulier étaient l'aboutissement logique d'une évolution romanesque qui, de Balzac à nos jours, passait par Flaubert, Proust, Joyce, Kafka et Faulkner... C'était le parcours du combattant revu par le sapeur Camember. Il fut vivement applaudi.

Revenons à nos oiseaux. Victime de « l'illusion réaliste », nous confie Robbe-Grillet, à l'époque où il écrivait *le Voyeur*, il avait pensé vérifier « sur le vif » la description du vol de mouettes qu'il faisait dans son roman. L'expérience avait été décevante. Il s'était vite aperçu que les mouettes qu'il découvrait au-dessus de la mer avaient peu de rapport avec celles qui volaient dans sa tête. Seules ces dernières étaient *réelles* parce qu'elles étaient devenues *imaginaires*.

Cet apparent paradoxe n'est qu'une observation de bon sens. Quand nous disons qu'une chose est réelle parce qu'elle est un produit de l'imagination, c'est une façon de parler. Elle est réelle tout simplement parce que nous avons su la recréer avec des mots. Dans le monde réel, je sais bien que la mouette existe en dehors de moi. En revanche, dans celui de la littérature, si elle reste extérieure à moi, elle paraîtra fausse ou artificielle. Il faut donc qu'elle devienne *moi* (ou que je me fasse mouette) et que je lui donne à nouveau naissance à partir de cette mort momentanée. Flaubert le dit autrement (et mieux) : « *Il faut que la réalité extérieure entre en nous à nous en faire crier pour la bien reproduire.* »

*

« Est-il nécessaire d'écrire ce que j'écris ? se demande Louis Guilloux. Non bien sûr, mais la question n'a pas de sens, puisque j'écris. »

On pourrait dire de la même façon : Est-il nécessaire d'aimer qui j'aime ? Non évidemment mais puisque j'aime, la réponse est déjà faite. Inutile de m'expliquer pourquoi ou, plus exactement, si on m'explique pourquoi, aucune des raisons invoquées (et elles seront nombreuses) ne saurait me convaincre parce que aucune ne pourra rendre compte de la réalité que j'éprouve quand j'aime ou quand j'écris.

Pourquoi ai-je besoin de ce visage, de ces yeux, de cette peau ? Une odeur, une présence, une voix ? Rien de plus bête, rien de plus banal, de plus interchangeable. Rien de moins nécessaire. En fait, je n'ai besoin de rien. Mais ce *rien* justement, qui est quelque chose, quel est-il ? Ce n'est pas seulement un visage, des yeux, une peau, une odeur, une voix, une présence. Ce n'est pas seulement une histoire, des mots, des phrases, une idée, un souvenir, des images. C'est quelque chose d'autre au-delà des mots, derrière la peau, qu'il s'agit de rejoindre. Et pour retrouver cette chose que je ne connais pas, pour combler ce vide, compenser ce manque, épuiser ce désir, cette souffrance ou ce malaise, je ne peux me servir (momentanément) que de cette feuille de papier que je couvre de signes ou de ce corps qui transpire contre le mien.

*

J'entends déjà les savants « docteurs » ricaner dans leur coin. Il va nous refaire le coup de la « profondeur », celui-là, avec son « besoin d'écrire » et son au-delà des mots qui pue la métaphysique. Il y a longtemps qu'on l'a destitué, ce vieux mythe. C'est même la conquête la plus originale de la modernité. Une révolution qui s'est opérée dans la seconde moitié du XXe siècle et qui nous a séparés « radicalement, cette fois, de Balzac, Gide et Madame de La Fayette » (*Pour un nouveau roman*, A. Robbe-Grillet), sinistre trio dont les mensonges, comme l'a dit le Maréchal, nous ont fait tant de mal.

Avouons qu'on est plus tranquille maintenant. On reste entre soi, dans un espace à deux dimensions, sans chausse-trapes ni doubles fonds. Rien n'existe que la *surface*. On mesure, on ne creuse pas. On glisse, on n'entre pas. Pourquoi entrer ? Qu'est-ce qu'il y a derrière ? C'est une vieille erreur « idéaliste » de croire que l'apparence nous cache la réalité. La réalité, c'est l'apparence. Elle ne se cache pas, elle est sous nos yeux. Pourquoi l'homme veut-il toujours comprendre, imaginer un ordre, ou une cohérence, inventer une conscience universelle ou un destin particulier ? C'est un bric-à-brac d'idées toutes faites, comme les malles d'osier de nos grands-mères où on retrouve pêle-mêle le sabre et le goupillon de l'idéologie bourgeoise, les recettes de cuisine du naturalisme, le manuel du parfait engagé sartrien, plus un lot de citations célèbres, dans le genre : « La nature est un temple », « Frappe-toi le cœur, c'est là qu'est le génie » ou encore « L'enfer, c'est les autres », bref toute une mélasse romantique, humaniste et existentialiste dans laquelle nous sommes englués et qui nous empêche de voir les choses comme elles sont, le monde tel qu'il est.

Comment est-il, ce monde ? D'abord il n'est pas profond, on vous le répète, ensuite il n'est pas à nous. Les choses ne nous appartiennent pas. De quel droit les accaparer ? Respectons-les. Pas de complicité, de connivence plus ou moins « louche » avec elles. Pas de familiarité. Gardons nos distances. Et mesurons-les. Quand vous voyez une table, ne dites pas qu'elle est *proche* ou *éloignée* de vous. Ce sont des termes vagues, des notions anthropomorphiques qui lui échappent totalement. Dites : *Elle est à un mètre quarante-cinq* ou à *quatre pieds, six pouces* selon le pays où vous êtes né. La table conservera ainsi son autonomie, sa liberté.

Avez-vous remarqué combien le langage métaphorique est aliénant ? Depuis que l'homme est sur terre, il pose autour de lui un regard possessif et dominateur. Il *huma-*

nise tout ce qu'il touche. Décrit-il un paysage, il parlera du *lit* de la rivière — est-ce qu'une rivière se couche ? —, d'un volcan qui se réveille — est-ce qu'une montagne peut dormir ? —, d'un ciel qui s'assombrit — est-ce que les nuages peuvent manifester de l'humeur ?

Inversement l'homme emprunte à la matière des caractéristiques qui n'appartiennent qu'à elle. Peut-on dire d'un visage qu'il est *usé* par la vie, comme s'il s'agissait d'un galet poli par la mer ou d'une serpillière réduite à l'état de dentelle par les travaux ménagers ? Un homme a-t-il un cœur de *roc*, une femme, une peau de *pêche* ? A-t-on jamais vu une pierre saigner, un fruit se mettre du rouge sur les joues ?

Croyez-moi, cette confusion n'est pas innocente. Elle exprime sans en avoir l'air une conception de l'existence, héritée de la culture judéo-chrétienne, qui consiste à faire de l'homme le roi de la création et de notre planète le centre de l'univers. Or l'homme pas plus que la Terre n'est le centre de quoi que ce soit. Copernic l'a démontré depuis belle lurette, c'est la Terre qui tourne autour du Soleil et les écrivains, au lieu de contempler leur nombril, feraient mieux de se tenir au courant des découvertes de la science et d'en tirer les enseignements qui s'imposent.

Le premier précisément, c'est que l'homme n'existe plus. L'homme en tant qu'individu ou personnage, avec un nom, un physique, un caractère, une famille, des habitudes, un métier. C'est une idée ancienne qui ne correspond pas à l'expérience, un schéma « classique » qu'on prétend appliquer sur une réalité mouvante. L'homme a perdu son identité. Il est devenu quelque chose d'inconsistant, d'insaisissable : un numéro, une silhouette, à peine une voix, un murmure, quelques borborygmes échappés au marigot de son inconscient. Il est vain dans ces conditions de vouloir lui prêter un état civil, de s'efforcer de le décrire ou, pis encore, de dévoiler ses pensées. Quelles pensées ? On a envie de rire comme devant une bonne blague. Et c'est bien une blague, du reste, l'invention d'un monsieur (ou d'une dame) assis à son bureau en train d'écrire à la main ou de dactylographier à la machine la prétendue histoire d'un homme qui, etc.

Ce n'est pas *vrai* ce qu'ils racontent, les romanciers. Il faut le dire et le répéter au cas où on l'aurait oublié. Ce sont des fantaisies, des choses qui leur passent par la tête et qui n'ont aucune réalité. La seule réalité qui existe, c'est le support, la matérialité du livre, du texte. En un mot, de *l'écriture*. Car l'écrivain, ainsi que son nom l'indique, produit de l'écriture comme le ver à soie produit de la soie. (On dit aussi qu'il *fonctionne*, au double sens du mot. Entendez qu'il s'acquitte de sa fonction ou qu'il l'assure dans de bonnes conditions. « As-tu bien fonctionné ? », demande la mère à son enfant.) Notre époque a besoin de concret. L'écriture, c'est du concret : des lettres, des mots, autant de signes noirs sur la feuille blanche, autant de sons emprisonnés dans la trame du papier. Qu'importe ce qu'ils veulent dire, ces mots, on a dépassé le stade du narratif, de l'énonciation pour plonger dans la masse grouillante des phonèmes, la rocaille des consonnes, le sable fin des voyelles. On est prêt pour le grand voyage : *la traversée de l'écriture*.

*

Je le rencontrais dans les journaux littéraires, parfois à la Radio où il me rendait visite, dans quelques souvenirs de lecture. Un homme affable avec juste ce qu'il faut d'importance pour le distinguer du commun. Un visage souriant, de beaux yeux, une allure dégagée. Son langage l'était moins, mais c'était la mode, ou son métier. Il était professeur, docteur en écriture. Il en avait fixé la température dans un ouvrage fameux et depuis, on claquait des dents. Il lui arrivait de s'échauffer à propos de quelques grands noms, Michelet ou Racine par exemple, ou dès que le dernier-né des moutons à cinq pattes de la littérature montrait (si je puis dire) le bout de l'oreille. Dans ce cas, sa hardiesse linguistique ne connaissait plus de bornes. Il donnait libre cours à son génie, devrais-je dire à son « démon du style », où se manifestait son goût pour les néologismes, les images-chocs, les tournures alambiquées, bref une façon de s'exprimer qui sentait son spécialiste d'une lieue et ne laissait pas d'en imposer au néophyte, à l'apprenti que j'étais.

Ce matin-là, il débarqua chez moi par la poste, tenant à la main un petit livre dont l'auteur n'avait pas vingt ans.

Entre lui et moi le dialogue s'engagea sans tarder :

LUI. — Vous vous intéressez à la jeune littérature ?

MOI. — Oui, de préférence à la vieille.

LUI. — Bravo ! Vous n'êtes pas un adulto-centriste ?

MOI. — Comment ?

LUI. — Vous ne considérez pas que le langage enfantin est déviant ?

MOI. — Euh... non.

LUI. — Par conséquent il n'y a pas pour vous une normalité du langage ?

MOI. — Qu'entendez-vous par là ?

LUI. — C'est simple, le fait qu'il y ait pour le langage un état normal par rapport à quoi les autres façons de s'exprimer ne seraient que des déviations. C'est une idée morale et complètement dépassée.

MOI. — La morale est toujours dépassée, c'est son rôle. Pour moi, un livre est moral quand il est bien écrit.

LUI. — Vous confondez tout. Il ne s'agit

pas de rejoindre la catégorie générale du « bien écrire ». Il s'agit pour une œuvre d'édifier son propre système non plus au niveau second des figures et des images mais au niveau même des relations essentielles, qui est celui de la langue.

MOI. — Vous voulez dire que la langue est faite pour parler, que chacun doit exprimer sa vérité et non se servir de celle des autres ? Ainsi, pour satisfaire un besoin naturel, l'enfant dira à sa nourrice : « Pipi, popo ! » alors que l'adulte demandera où sont les toilettes ?

LUI. — Parfait ! Vous y êtes.

MOI. — « Pipi, popo » n'est pas une déviation de la normalité du langage, c'est l'élément d'un système autonome qui se situe au niveau des relations essentielles...

LUI. — C'est-à-dire de la grammaire.

MOI. — Alors que « toilettes » en est resté au niveau second des figures et des images...

LUI. — Qui est la rhétorique. Bravo ! Vous faites des progrès. Sans grammaire, pas de système. Sans système, pas de langage. Sans langage, pas d'écrivain.

MOI. — C'est sûr.

LUI. — Savez-vous ce que c'est qu'écrire ?

MOI. — Ma foi, j'essaie de le savoir depuis des années. Si vous pouviez m'y aider...

LUI. — Écrire, c'est traverser tout le langage, atteindre à la racine les différences immatérielles qui le fondent.

MOI. — Je vois...

LUI. — Vous verrez encore mieux en parcourant le livre de ce jeune homme. Lisez les premières lignes.

MOI *(lisant)*. — *Ma mère certainement doit souffrir à présent. Ils attendent impatiemment. Ils se taisent. Ils s'exclament maintenant. Tous sourient largement.*

LUI. — Qu'est-ce que vous remarquez ?

MOI. — Euh...

LUI. — Les adverbes. Vous n'entendez pas le bruissement litanique des adverbes ? « Certainement, impatiemment, largement. »

MOI. — Il y en a beaucoup, effectivement... Pardon !

LUI. — C'est à dessein. Les adverbes superposent à l'action la fine parodie de ce qu'il faut en penser. Et l'ellipse, vous l'avez sentie ? *Ils se taisent. Ils s'exclament.* On passe du silence aux cris, comme ça, sans prévenir. On lie sans transition des événements contraires, on expulse du récit cet entre-temps implicite qui mine le bavardage romanesque.

MOI. — Le bavardage, ne m'en parlez pas !

LUI. — En un mot, on retire à la durée le pathétique de son usure.

MOI. — Dites-moi, il fait beaucoup de choses, ce jeune homme, en peu de lignes.

LUI. — Attendez, ce n'est pas tout. Il y a la parataxe. (*Silence*) Une figure de grammaire. L'écrivain n'utilise que des propositions indépendantes placées les unes à côté des autres. Il juxtapose les événements. Il ne les subordonne pas.

MOI. — Pour faire naïf, je suppose ?

LUI. — Naïf vous-même. Avez-vous déjà réfléchi à l'ambiguïté du mot « subordonner » ?

MOI. — Non. Dans quel sens ?

LUI. — Précisément dans quel sens, c'est la question. Le mot en a deux, vous ne l'ignorez pas. Un sens grammatical et un sens politique. On peut les confondre et c'est là que réside l'ambiguïté. Utiliser la parataxe, supprimer du discours les propositions subordonnées, c'est refuser toutes les hiérarchies, celle de la société et celle de la grammaire.

MOI. — En somme, vous voyez dans la phrase complexe la projection littérale de la société où nous vivons, avec les propositions principales qui commandent (et profitent de leur situation privilégiée) et toutes les pauvres petites propositions subordonnées, directes ou indirectes, complétives ou non, qui obéissent sans pouvoir échapper à leur condition.

LUI. — Une honte !

MOI. — Qui nous vient du latin.

LUI. — Je ne vous le fais pas dire, le latin qu'on apprend chez les bons Pères, comme par hasard, et qui maintient le langage adulte dans un état d'aliénation.

MOI. — Comment le délivrer ?

LUI. — Par la grammaire, tiens ! Et ce garçon nous en donne un exemple. Il élabore une grammaire qui vise à retirer l'adolescent du monde des fautes et des gratifications où le sur-moi énorme de la société prétend le maintenir.

MOI. — Le brave petit !

LUI. — Bien plus, à force d'obstination, il finit par abolir la fallacieuse entité de l'adolescence.

MOI. — Le brave petit !

LUI. — Et savez-vous ce qu'il fait surgir à la place ?

MOI. — Non mais j'ai hâte...

LUI. — Un monde inqualifiable !

MOI. — Allons bon !

LUI. — C'est-à-dire un monde pur idéalement de tout prédicat.

MOI. — Qu'est-ce qu'il reste alors ?

LUI. — Rien. Les murs vides du langage.

MOI. — C'est gai !

Les Beaux Jours

Les notes qui précèdent reflètent le climat littéraire d'une époque vouée aux délices du « nouveau roman » et de ses exégètes. Le dialogue imaginaire entre *Lui* et *Moi* est une manière d'hommage rendu à Roland Barthes qui fut le grand-prêtre de « l'école du regard » et plus tard du Telquelisme. On s'en doute peut-être, je n'ai jamais eu beaucoup de sympathie pour ses idées, encore moins pour son vocabulaire mais le personnage me troublait. Il présentait un mélange de gravité et d'humour dont je mesurais mal les proportions respectives. Fallait-il le prendre au sérieux ou le traiter comme les aruspices de l'Antiquité, qui ne pouvaient — dit-on — se regarder sans rire ? Barthes riait-il quand il se contemplait dans son miroir ? C'est une question que je ne lui ai jamais posée car, à chacune de nos rencontres, je jouais malgré moi le rôle du mulot médusé par le python. Autrement dit, il me fascinait. Bercé par le balancement de ses phrases absconses, j'essayais d'agripper ici ou là, comme on saisit une bouée de sauvetage, un mot usuel, une tournure familière qui me permît de surnager jusqu'au terme du raisonnement. La plupart du temps je coulais, mais parfois j'avais l'impression de comprendre, plus exactement d'approcher le mystère qui entourait sa démarche, cette faculté qui lui était propre de changer en termes grammaticaux tout ce qu'il voyait, comme si le monde sensible n'était à ses yeux qu'une métaphore, les êtres et les choses, des figures de style. J'avais le sentiment d'une révélation. Cette « folie » que je prêtais à Barthes me le rendait plus accessible car elle s'apparentait à celle du romancier qui utilise le réel pour se raconter une histoire. Lui, se racontait un langage. Les gens qu'il croisait dans la rue formaient un discours, il en étudiait les « fragments » comme on analyse la fonction des mots dans une phrase. Les règles de la circulation étaient celles de la sémantique.

Barthes vivait au milieu des tropes et des signes comme, moi, je vivais avec mes personnages, c'est-à-dire dans le rêve. Quand il lui arrivait de s'éveiller, il s'exprimait avec naturel, écrivait avec talent. Barthes pouvait se regarder sans rire. Il était devenu célèbre.

*

L'histoire de la littérature a toujours été une succession d'empoignades et de règlements de comptes, une guerre civile permanente dont les péripéties réjouissent le public et alimentent les manuels scolaires. Périodiquement on ramasse sur le champ de bataille des cadavres d'écrivains qui ressuscitent au chapitre suivant, comme dans les romans d'aventures d'Alexandre Dumas. La vie est un roman. La littérature aussi.

Dans les années cinquante, l'aventure tourna court. Le combat changea d'âme. Il ne s'agissait plus d'écrire mais de se demander pourquoi. Cela juste au moment où je publiais mon premier roman. Avouez que je tombais mal ! Moi qui avais rêvé d'être un écrivain dès mon plus jeune âge, vouant mon avenir à la littérature, mon rêve devenait réalité quand la littérature perdait la sienne. Il y avait de quoi vous décontenancer. Rien n'était plus pathétique en effet que d'imaginer mes confrères livrés au doute et à l'angoisse existentielle, immobiles devant leurs bureaux, la plume suspendue au-dessus de la feuille blanche, en train de s'interroger sur le sens et l'utilité de leur travail. J'ignorais les scrupules dont ils étaient la proie, ce qui me donnait mauvaise conscience. Ou plutôt mauvais esprit. Il m'apparut vite que leur aveu d'impuissance n'était qu'une coquetterie (de style), une litote (d'inspiration). Loin de rester immobiles comme je le pensais, ces mêmes auteurs n'arrêtaient pas de bouger, de prononcer des conférences, de publier des articles, de composer des ouvrages dans lesquels ils expliquaient pourquoi on ne pouvait plus écrire comme hier (ce qui me paraissait logique) mais aussi comment on devait écrire aujourd'hui (ce qui était plus discutable). Je n'avais pas quitté les bancs de l'école pour retrouver des profs et recevoir des leçons. Si j'avais besoin de maîtres, je les choisirais moi-même. Malheureusement les « maîtres » avaient mauvaise presse en ce temps-là. Ils avaient « trahi » la confiance qu'on avait mise en eux ou bien ils étaient d'un autre âge. Bref c'était une notion périmée, une espèce en voie de disparition. On ne vous demandait pas : « Avez-vous lu Gide ? », mais : « Avez-vous lu Saussure ? »

Sur cette planète aride, je me sentais orphelin. A la recherche d'âmes sœurs, je rencontrai Jacques Brenner qui dirigeait *les Cahiers des saisons* et Robert Mallet qui m'accueillit chez Gallimard. Avec l'un je fréquentai Jouhandeau, Dhôtel, Chardonne, Ionesco et quelques autres. Le second me prit par la main au seuil du temple de *la Nouvelle Revue française.*

On imagine mal de nos jours le genre d'émotion que pouvait éprouver un jeune auteur quand il poussait pour la première fois la porte du numéro 5 de la rue Sébastien-Bottin. Il n'entrait pas dans un lieu, il poursuivait un songe. Le décor qu'il découvrait était sans importance — un hall aux murs poussiéreux, avec une cabine vitrée au fond où se tenait la standardiste —, il n'existait pas comme tel, il n'était que l'incarnation passagère d'une *idée,* quelque chose qui ressemblait à la personnification même de la Littérature. De cette *idée* jusqu'à présent, comme dans le mythe de la caverne, le jeune homme n'avait aperçu que les reflets — des fantômes d'auteurs dont il déchiffrait l'identité sur la belle couverture blanche aux lisérés rouge et noir — et soudain il était admis à en contempler la *réalité.* Les noms de ces écrivains célèbres, il les entendait prononcer familièrement, il les voyait appliqués à des personnes vivantes qui se conduisaient comme vous et moi, riaient, s'interpellaient, montaient et descendaient l'escalier, comme si c'était la chose la plus naturelle du monde. Tiens, voici monsieur Queneau qui arrive et monsieur Paulhan qui se sauve, il parle avec monsieur Arland, non, monsieur Camus n'est pas dans son bureau, madame Valéry est attendue chez monsieur Gaston, et ce petit homme à cheveux blancs sur l'oreille, les yeux bleus, rieurs, la pipe à la bouche, ne serait-ce pas monsieur Guilloux dont *le Jeu de patience* vient d'obtenir le prix Renaudot ? Et ce personnage étrange, à la belle tête de gitan, l'œil de charbon, les pieds nus dans des spartiates, c'est Adamov qui s'entretient avec Jacques Lemarchand, le critique dramatique qu'on lit avec dévotion, chaque semaine, dans *le Figaro littéraire.* La tête vous tourne. Heureusement Robert Mallet la remet en place. Il est venu me chercher, m'entraîne dans son bureau qui ressemble à une boîte, pleine de livres et de dossiers, avec une fenêtre au ras du plafond. Et le rêve continue en compagnie de Léautaud, cette fois, dont les *Entretiens* sont un succès. « Pour moi, Léautaud, c'est les autos », me dit Robert qui aime les calembours (comme Victor Hugo) et la Picardie, son pays natal, où il m'invite, quand je voudrais, passer le week-end dans sa maison de famille. Avec lui j'ai trouvé la mienne, je ne suis plus orphelin. Une famille de mots, un langage du cœur que nous ne cesserons plus de parler au cours des années.

Silencieux sur ma chaise, je conserve le maintien d'un jeune homme sage, tandis que se détache progressivement de mon corps une sorte d'ectoplasme qui se mêle à des visiteurs invisibles, d'augustes figures vivantes ou disparues dont je reconnais les traits. Bientôt c'est toute une foule qui envahit la pièce, écarte les murs, dans un brouhaha de rires et d'exclamations joyeuses où se perd peu à peu la voix de mon interlocuteur.

— *Voici celui que nous attendions, dit quelqu'un. — Avez-vous lu son livre ? — Non mais il est des nôtres. — Vous croyez ? — Nous lirons le deuxième. — S'il va jusque-là. — Aura-t-il du succès ? — Quelle importance ? — Fera-t-il une œuvre ? — C'est le principal. — Sera-t-il fidèle ? — Affaire de conscience. — De talent aussi. — Le talent n'est pas tout. C'est l'amour qui compte. — Est-il amoureux ? — Parlons d'autre chose...*

Le bruit s'éloigne, les visages s'effacent. La petite boîte reprend ses dimensions normales.

« Vous m'écoutez ? » demande Robert.

*

Nous gardons de nos débuts un souvenir naïf qui n'a d'autre intérêt que de nous rappeler l'usure du temps. Quand je traverse aujourd'hui le hall des éditions Gallimard, je mesure la distance qui me sépare de ma première visite. Dans le bruissement soyeux et parfumé de ces demoiselles, l'éclairage tamisé des lumières dont le reflet miroite sur le carrelage verni, je me sens aussi perplexe que si je me trouvais à la réception d'un hôtel quatre étoiles, d'une banque ou d'une multinationale. Ce n'est pas un reproche de constater que notre société, en simplifiant les rapports, a uniformisé notre environnement. De l'extérieur, un théâtre de la périphérie se distingue mal d'un gymnase ou d'une grande surface, si ce n'est que la foule ne se presse pas à ses portes. Je me souviens de l'aventure d'une de mes amies, un peu distraite de nature, qui entra un jour dans une boutique ripolinée de blanc où derrière le comptoir se tenaient des garçons en uniformes d'infirmiers, pour demander un tube d'aspirine. Il s'agissait en fait d'une boucherie modèle où l'on servait la viande avec des pincettes.

*

A Mougins, ce soir-là, je pensais à des choses vagues. Allongé dans un hamac, sous les branches d'un laurier, je contemplais les lumières de la côte avec une certaine mélancolie. Quand on a des difficultés pour écrire, la beauté de la nature nous accable. J'étais venu chez mes amis R. dans le dessein de travailler et je ne travaillais pas. Olivier R. avait une femme, Milène, une petite fille, Florence, dont j'entendais les voix et les rires par la fenêtre ouverte de la cuisine. Il avait loué cette maison pour l'été parce qu'il tournait un film entre Cannes et Saint-Tropez et ne voulait pas se priver des joies de la famille. Quand il rentrait à une heure souvent tardive, il me disait : « Alors, ça a marché aujourd'hui ? »

Une histoire, ce n'est rien. La mienne, je l'avais en tête depuis longtemps, celle d'un homme qui voit mourir son père. Mais un roman n'est pas une histoire. Il ressemble plutôt à un voyage dont on devine la destination, sans en connaître l'itinéraire. Le tout est de partir, de faire le premier pas. Celui qui donnera la cadence ou la couleur ou l'esprit du voyage.

C'est en se promenant dans le jardin public à Milan que Gide a trouvé le ton de *Paludes.* Des phrases anodines ou saugrenues, « chemin bordé d'aristoloches », « et pourquoi, par un temps incertain, n'avoir emporté qu'une ombrelle ? », une certaine façon de dire des platitudes sentencieuses et lui, tout en marchant, qui pense : voilà comment il faut traiter le sujet, inventer une forme insignifiante dans laquelle se développera peu à peu le récit.

A propos de Proust, Julien Green observait que cet écrivain, célèbre par la longueur et la sinuosité de ses phrases, avait commencé la *Recherche* par l'une des plus courtes du roman : « Longtemps je me suis couché de bonne heure. » Une note unique, tenue comme un point d'orgue, qui contient le projet du livre — on dirait de nos jours la « problématique » — ainsi qu'il est expliqué deux pages plus loin : « Un homme qui dort tient en cercle autour de lui le fil des heures, l'ordre des années et des mondes. »

Julien Green remarque pour sa part que l'ébauche d'un roman se forme en lui à partir d'une image ou d'une émotion. Une image qu'on refuse (et qui fascine), une émotion qui fait mal (et qu'on aimerait revivre).

« Je voudrais écrire un roman dont le

point de départ serait le gant que j'ai laissé tomber sur une route de Virginie en 1920 et je n'osais dire au cocher d'arrêter son cheval. » (*Journal*, 4 février 1957.)

Pourquoi le jeune Julien n'osait-il pas ? Parce qu'il était troublé par la beauté de son compagnon et qu'à la seule idée de l'interpeller ou de toucher son bras, il se sentait paralysé de trac. Nous connaissons les détails de ce souvenir de jeunesse en lisant *Terre lointaine*, publié près de dix ans plus tard. Entre-temps a paru le roman *Chaque homme dans sa nuit* dont les premières pages racontent effectivement l'histoire du gant. Julien s'appelle Wilfred et se conduit d'une façon identique avec le cocher mais la raison de son attitude ne nous est pas dite. Wilfred lui-même ne la comprend pas.

Ce qui est curieux, c'est que l'auteur a résisté longtemps à son envie de commencer le livre par cette anecdote. Il la jugeait « idiote et mortifiante ». Heureusement (pour lui et pour nous) toutes ses autres tentatives de « début » ne le menaient nulle part. Disons qu'elles ne l'intéressaient pas. Il ne pouvait s'intéresser qu'à ce « morceau de vie », le « petit bout de vérité » contenue dans un instant vécu avec intensité. De cet instant comme d'une cellule organique devait naître et se constituer le corps du roman : « Il me fallait partir du réel de la vie ordinaire pour atteindre au réel de l'imagination. »

On part de la vie ordinaire quand elle commence à être « romanesque » dans l'esprit de celui qui l'observe. Il a cette faculté (ou cette habitude devenue une seconde nature) de se représenter les choses en même temps qu'il les vit.

« Les accidents du monde, écrit Flaubert, apparaissent (à l'écrivain) tous transposés comme pour l'emploi d'une illusion à décrire. » (Préface aux *Dernières chansons* de Louis Bouilhet.) Ce qui explique le sentiment d'irréalité qu'il éprouve à l'égard du monde extérieur. Devenu « illusion », existe-t-il seulement dans sa tête ou en dehors de lui ?

On se souvient peut-être d'un autre « accident » (plus prosaïque) que raconte André Gide dans son *Journal.* Encore une voiture à cheval et un cocher mais, cette fois, il s'agit d'une calèche et notre passager assis sur la banquette arrière se laisse transporter sans complexes, en admirant le paysage. Il a raison d'en profiter car dans quelques instants le cheval va s'emballer, le cocher perdre le contrôle de la conduite et la calèche être à deux doigts de verser dans le ravin. Qu'arrive-t-il à ce moment-là ? Gide ne s'alarme pas (il s'en étonne lui-même), il regarde l'événement comme s'il ne le concernait pas, il note mentalement ce qui se passe devant lui, la disparition progressive du cocher, à moitié tombé de son siège et qui s'agrippe aux rênes pour tenter d'arrêter le cheval, la voiture qui tangue, les bagages qui valsent en tous sens. Pas un instant il n'éprouve un sentiment de peur. Rien ne le persuade qu'il est en danger. Il est *autre part,* s'appliquant à se représenter le danger qu'il est en train de courir.

*

Cette impression d'absence, je commençais à la ressentir, moi aussi, ce soir-là, à Mougins. A cause des images qui me revenaient à l'esprit, m'envahissaient de plus en plus nombreuses et me ramenaient deux ans en arrière, le jour de mon arrivée à Strasbourg où je me rendais au chevet de mon père, atteint d'un cancer. Un temps radieux, une atmosphère de fête à la veille du 14 juillet et le voyageur qui débarque inconnu dans une ville inconnue pour cette rencontre avec la mort. Je le voyais aller et venir de son hôtel à l'hôpital, s'arrêter, acheter des fruits, un bouquet de fleurs qu'il déposait sur la table de nuit du malade. Il l'embrassait, lui parlait, se penchait pour écouter sa réponse. A ce moment sa main frôlait les doigts de son père qui se refermaient sur elle et le jeune homme éprouvait un choc, une sensation très forte qui se répercutait en lui et dont il ne comprenait pas l'origine. Il gardait cette main serrée dans la sienne sans s'expliquer pourquoi il attachait une telle importance à ce geste. Le souvenir venait de resurgir aussi vif, tandis que je me balançais, allongé dans le hamac, sous le laurier de Mougins. Tout était silencieux autour de moi. Florence dormait dans sa chambre. Olivier et sa femme, assis dans des transats, contemplaient la nuit. Personne ne me demandait si j'avais bien travaillé. Je me mis à parler tout haut :

« Le roman commencera comme ça. L'homme est allongé dans un hamac, sous le laurier, avec des amis auprès de lui, qui l'écoutent. Il dit : " Je viens de voir mourir mon père. " »

*

Tolstoï raconte à son ami Strakhov que c'est en feuilletant les *Récits de Bielkine* de Pouchkine qu'il est tombé sur une phrase : « Les invités s'étaient réunis à la datcha. » Cette phrase qui l'enthousiasme (on se demande pourquoi) va devenir le roman d'*Anna Karénine*. On voit que je suis en bonne compagnie.

*

Les gens qui vous disent : « Racontez-moi le sujet de votre roman, l'histoire, les personnages ? » On désosse la bête, on montre la carcasse mais c'est la chair qu'il faut goûter. Flaubert prétendait, à propos de *Madame*

Bovary, qu'il avait voulu faire « quelque chose qui fût de la couleur des moisissures des coins où il y a des cloportes ». On imagine la stupeur des invités, sur le plateau d'*Apostrophes*, en entendant cette réponse.

La forme et la signification d'un livre une fois qu'il est terminé ne correspondent jamais exactement à l'idée que l'auteur s'en fait : « Avant d'expliquer aux autres mon livre, j'attends que d'autres me l'expliquent... car si nous savons ce que nous voulions dire, nous ne savons pas si nous ne disions que cela. On dit toujours plus que CELA. » (André Gide, *Paludes*.)

Voilà retrouvé le *plus* de la littérature, la part invisible que chacun ajoute sans le savoir. C'est la part de Dieu, disait Gide qui n'y croyait pas.

*

Si j'avais un conseil à donner à un jeune écrivain, à la fin de ce petit livre qui n'est pas un bréviaire, je lui dirais qu'il déchire avec entrain les pages qu'il vient de lire, qu'il déboulonne ensuite les statues de ses aînés, de préférence les plus respectés, sinon les plus respectables. Une société de compliments mutuels et de services rendus ressemble davantage à une réunion d'actionnaires qu'à une confrérie d'artistes.

La célébration dont on entoure les obsèques de la littérature a pour corollaire le langage pompeux et funèbre des littérateurs. Il serait rafraîchissant d'entendre soudain, au milieu de ce chœur consensuel de lévites et de sœurs tourières, la voix rude et discordante d'un jeune mécréant.

TABLE

Ouverture, 7

Mémento, 41

Les Beaux Jours, 75

Aubin Imprimeur
LIGUGÉ, POITIERS

Achevé d'imprimer en avril 1990
N° d'édition 8203 / N° d'impression L 34826
Dépôt légal, avril 1990
Imprimé en France

ISBN 2-246-36991-6